AF339051

LA
RÉPUBLIQUE

C'EST LE SALUT !

ÉPITRE AUX JEUNES ÉLECTEURS

PAR E. THIRION,

AUTEUR DU CATÉCHISME RÉPUBLICAIN.

Ceux qui détrompent les Peuples sont
leurs véritables bienfaiteurs.

(VOLTAIRE, *Essai sur les Mœurs*, etc.).

SENLIS
LIBRAIRIE DE E. PAYEN
Place de l'Hôtel-de-Ville.

1871

LA RÉPUBLIQUE C'EST LE SALUT !

I.

Aujourd'hui la lutte suprême est engagée; les esprits encore tout affolés de ces désastres infligés coup sur coup à la patrie ont soif de stabilité; à peine veut-on prendre le temps de la réflexion, avant de décider sous quelle forme de gouvernement la France cherchera le repos nécessaire pour panser ses plaies encore saignantes.

C'est vous principalement, jeunes électeurs, que la question intéresse, car c'est vous qui souffrirez ou qui jouirez le plus longtemps des résultats du vote que l'on veut précipiter,

D'ailleurs, c'est en vous que se sont réfugiées toutes les forces vives du pays; nous autres vieux nous avons le cœur flétri par le souvenir du passé; nous avons vu le beau mouvement démocratique de 1848, dévié de son but par la guerre sociale, finir tristement dans l'abdication, dans l'asservissement, dans la honte.

— 4 —

Vous, au contraire, vous avez récemment supporté les fatigues et les dangers de la guerre nationale ; vous avez souffert de la déplorable administration que nous avions laissé créer ; votre bonne volonté, votre résolution se sont brisées contre nos incertitudes ; habitués à nous laisser gouverner sans contrôle, notre manque d'initiative a rendu votre courage inutile.

Nous, nous avons abdiqué en 1848, et vingt-deux ans d'abandon de nous-mêmes ont énervé notre foi politique ; Vous, tout nouveaux à la vie sociale, vous avez reçu le baptême du malheur. Si bien que nous sommes les épaves du naufrage impérial, tandis que vous êtes les matériaux tout neufs de l'édifice démocratique.

II.

Avant de vous décider et de consacrer par vos votes le nouvel ordre de choses, mûrissez bien votre résolution ; songez que c'est votre avenir, et même celui de vos enfants, que vous allez engager, et ne vous précipitez pas aveuglément, comme nous l'avons fait, dans la vase de la monarchie plutôt que d'affronter l'océan de la liberté.

Nous sortons d'un véritable désastre, et nécessairement votre première préoccupation doit être d'en éviter le retour. Pour cela il faut tâcher d'en démêler les causes. Quand on connaît bien le mal, on commence à voir la possibilité de le guérir.

Si le pays avait été consulté, il est bien évident pour tout esprit consciencieux que la guerre n'aurait pas été déclarée. — Donc il faut qu'à l'avenir le droit de déclarer la guerre demeure entre les mains du pays, ou au moins de ses représentants.

La Chambre, issue des candidatures officielles, était toute à la dévotion du gouvernement; le peu de députés qui siégeaient à gauche a vainement demandé un contrôle nécessaire, et leur voix a été étouffée. Quand après Sedan, l'indignation publique eût renversé la dynastie bonapartiste, la Chambre représentait si peu l'opinion du pays que nul n'a songé à lui confier la défense nationale. — Donc il faut que désormais les élections soient soustraites à l'influence des agents du gouvernement.

Le ministère savait-il que rien n'était prêt, que l'armée n'était pas au complet, que les places n'étaient pas fortifiées, que les approvisionnements et les armements manquaient? Tout cela était-il le résultat de la négligence ou du gaspillage? L'histoire le dira plus tard; mais dans les pays libres, où la presse a le droit de tout dire, sauf à respecter les lois communes, négligence ou gaspillage finissent bientôt par être dénoncés à l'opinion publique et devenir impossibles. — Donc il faut que la presse soit libre, sous la condition d'être punie quand elle a mal écrit, comme un particulier est puni quand il a mal parlé.

Toutes les fonctions publiques étaient dévolues au favoritisme, au point qu'un dévouement bien caractérisé *à la dynastie* était souvent la seule preuve de capacité que l'on exigeat des solliciteurs; qu'en est-il arrivé? C'est que, au moment critique, quand il a fallu organiser, sous le feu de l'ennemi, la défense du territoire, bien peu de fonctionnaires se sont montrés à la hauteur de la situation, bien peu ont su inspirer aux populations la confiance nécessaire, ou mettre à la disposition des citoyens dévoués les ressources indispensables. — Donc il y a urgence à ce que, sous le nouvel ordre de choses, les fonctions publiques soient décernées à l'élection, ou tout du moins au concours, et surtout que les fonctionnaires soient responsables des faits de leur administration.

Le besoin de soutenir, quand même, un régime que le pays supportait par peur des révolutions, plutôt qu'il ne l'adoptait par sympathie vraie, avait conduit à pousser à l'excès la centralisation; de là le manque d'initiative dans les administrations locales, et quand elles se sont vues livrées à elles mêmes par la dislocation du gouvernement et l'invasion de l'armée allemande, beaucoup n'ont pu substituer une action énergique à cette impulsion centrale, sans laquelle elles ne savaient rien faire et qui leur manquait tout-à-coup. Le patriotisme faisait prendre des résolutions viriles qui avortaient au moment suprême: là où les hommes abondaient les munitions de guerre ou les vivres manquaient, et réciproquement ; le maire comptait sur le préfet qui attendait l'ordre du ministre, et l'armée improvisée se démoralisait au contact de toutes ces irrésolutions. — Donc il faut, sans porter atteinte à l'admirable unité Française, décentraliser dans une juste mesure, en laissant à l'initiative locale toutes les décisions qui n'intéressent pas l'ensemble du pays.

La Nation elle même à eu ses défaillances; avant la guerre elle n'a pas compris la politique fatale où, par le plébiscite, elle allait laisser s'engager le gouvernement ; pendant l'invasion, elle a eu parfois trop de souci de ses intérêts matériels, les seuls, il faut le dire, au sujet desquels l'Empire aimât à lui voir employer son énergie et son initiative. Plus instruite, elle eût mieux compris ses véritables intérêts et par un vote intelligent elle eût prévenu bien des désastres. — Donc il faut que la nation ait le droit de contrôler son gouvernement, et que l'instruction largement répandue, obligatoire même s'il le faut, la rende digne d'exercer ce droit.

Ainsi le droit de déclarer la guerre rendu au peuple Français, — les élections parfaitement libres, — la presse soumise aux lois communes qui régissent les citoyens entre eux — les fonctionnaires choisis au concours — les administrations locales affranchies — l'instruction générale élevée à la hauteur d'un devoir — telles sont les réformés indispensables pour mettre la France à l'abri de catastrophes semblables à celles qu'elle vient de subir.

III.

Quels sont les véritables coupables ? Il faut bien le reconnaître, ce sont les électeurs qui ont voté l'Empire et soutenu ses manières d'agir ; ce sont vos pères qui ont abdiqué leur indépendance pour mieux profiter du mouvement industriel et commercial, suite de l'inauguration des lignes ferrées et des transports à vapeur.

C'est là pour vous une grande leçon, qui vous démontre le tort que se fait à lui-même un peuple qui se désintéresse de l'administration de ses affaires politiques. Que ceux qui ont pris ces déplorables habitudes n'aient pas le courage d'en sortir, à la rigueur cela s'explique ; mais vous qui êtes la partie nouvelle du suffrage universel, vous qui avez souffert de cet état de choses, sans en avoir pu recueillir les avantages passagers, vous ne devez avoir d'autre préoccupation que de fonder l'état politique et social du pays sur des bases plus rationnelles, et partant plus durables.

Vous êtes, j'en suis persuadé, d'accord avec moi sur le nombre et la nature des réformes nécessaires pour atteindre ce but désirable ; tout ce qui peut éclairer la nation, tout ce qui peut réveiller l'initiative individuelle, tout ce qui met en action les forces vives du pays, doit être mis en œuvre, soit pour nous relever de l'état d'infériorité où nous ont jetés les récents désastres, soit pour empêcher le retour d'un affaisement semblable à celui d'où nous sortons.

Seulement vous vous demandez quelle est la forme de gouvernement la plus propre à favoriser ces améliorations ; les uns vous disent que c'est la monarchie, et les autres la République ; il est bien évident qu'il ne faut pas se décider à la légère. Comparons et examinons.

IV.

La monarchie ? — Soit. — Mais laquelle ?

La monarchie légitime a cela de particulier que, étant de droit divin, elle devra tout à Dieu, et rien à la nation. Du reste elle ne cache pas ses desseins : elle annonce à l'avance qu'elle fera la guerre au roi d'Italie pour réintégrer le Pape dans sa souveraineté temporelle, et ses partisans viennent à l'Assemblée nationale proposer quelque chose comme le rétablissement du droit d'aînesse. Bien loin de favoriser le développement de nos mœurs démocratiques, elle fera tout ce qu'elle pourra pour rassembler de nouveau dans la main du Seigneur de la Commune les petits héritages qui sont le prix du travail enragé de nos laboureurs; elle stérilisera de grands espaces comme elle le faisait avant 1789, et un jour de famine, elle dira au peuple Français : « Si tu n'as pas de pain, pourquoi ne manges-tu pas de la brioche? »

La monarchie constitutionnelle au moins fut un progrès; pour la fonder la nation et le souverain ont fait un pacte : celui-ci reconnaît au peuple certains droits; la nation concède au monarque certains privilèges. Pendant quelques années tout peut bien aller, tant que le peuple et le roi restent à peu près dans le même courant d'idées; mais bientôt il se produit un étrange phénomène : d'une part le roi vieillit, et comme ce n'est qu'un homme, quand il a acquis la somme d'idées qu'il est capable de comprendre, obéissant aux lois de la nature, il s'arrête, et bientôt son esprit fléchit, son jugement baisse, et son opinion se fixe irrévocablement. Pendant ce temps, la nation, qui se compose d'une réunion d'hommes, progresse toujours; chaque année une certaine quantité de vieux esprits disparaissent pour faire place aux jeunes; les idées marchent, et l'adjonction de connaissances nouvelles a bientôt modifié la tendance générale. A ce moment le peuple et le roi ne sont plus d'accord; le peuple est en avant du roi ; la lutte éclate, et comme il faut — c'est là loi de nature — que le progrès ait toujours raison, le roi est renversé, pour être remplacé par un plus jeune ou un plus habile, ou par une république.

Quant à **la monarchie des Bonaparte**, je ne lui fais pas même l'honneur de la discuter. Tout ce que l'on en peut dire, c'est que la génération qui l'accepterait en serait cruellement punie — et qu'elle l'aurait bien mérité.

Au surplus la nature même des réformes dont la France sent aujourd'hui la nécessité exige un gouvernement républicain. Ainsi *le droit de déclarer la guerre*, un roi le réclamera, ne fût-ce que pour venger des injures personnelles ; *la liberté de la presse*, pour un souverain, c'est la maison de verre de Socrate, et il faut être bien sûr de soi pour consentir à l'habiter ; *le choix des fonctionnaires au concours* dépouillerait un roi de son plus bel apanage, le droit de récompenser ses serviteurs et ses amis ; *l'affranchissement des administrations locales* est un obstacle invincible à l'asservissement du suffrage universel ; enfin *l'instruction* donne à un peuple le sentiment de ses droits et de sa dignité, incompatible à la longue avec l'exécution sincère du pacte constitutionnel.

Par contre, tous ces progrès conduisent inévitablement à la forme républicaine, en transformant petit à petit les sujets en citoyens. Ainsi les réformes nécessaires deviendraient sous une monarchie une source de troubles, tandis qu'elles ont leur expansion normale sous une république.

V.

Voilà un côté seulement de la question; car elle a deux faces; toute révolution politique se double d'une insurrection socialiste; à février, juin succède; le 18 mars se superpose au 4 septembre.

Deux époques funestes, et dont il est douloureux de raviver le souvenir. Pourtant il faut avoir ce courage. Après avoir franchi miraculeusement un précipice, le voyageur timide s'asseoit tout tremblant pour remettre ses esprits, et ferme les yeux pour ne pas voir le péril qu'il a couru. Il en est d'autres qui s'approchent hardiment du gouffre, qui en sondent les profondeurs, et qui s'appliquent à trouver les moyens de le combler.

Imitez ces derniers. Marchez résolument au monstre, et c'est lui à son tour qui aura peur. Arrachez lui son manteau rouge et son bonnet phrygien; vous aurez devant vous une ancienne connaissance; c'est une science qui a son nom « *l'Economie sociale* » et dont les ambitieux et les fruits secs de la politique ont fait une arme de combat.

Elle a pour but le perfectionnement et le bonheur de l'humanité; elle se sert de l'instruction pour améliorer notre moral; elle prêche l'économie, la sobriété, la sagesse pour embellir l'existence physique; elle cherche à faire le plus d'heureux possible dans une nation, pour que cette nation soit la plus riche et la plus forte. C'est à elle que nous devons les crèches, les salles d'asile, les écoles primaires, la caisse d'épargne, la caisse des retraites, les sociétés de secours mutuels.

Si, au contraire, vous fermez les yeux pour ne pas voir le danger, si vous bouchez vos oreilles pour ne pas entendre la raison, vous n'avez plus devant vous que le fameux spectre rouge qui a tant fait peur à vos pères, et grâce auquel on les a conduits à l'abdication de leurs droits, à la dette augmentée de six milliards, à la capitulation universelle et aux huit milliards que la guerre avec l'Allemagne va nous coûter.

Aussi, quelque brûlante que soit cette grande question, il faut avoir le courage de l'examiner en face. Vous y trouverez deux avantages : d'abord vous en extraierez tout ce qu'elle contient de vrai et de pratique, et vous l'appliquerez; en second lieu, vous enleverez au socialisme tous ses adhérents de bonne foi qu'un déni de justice perpétuel jette jusqu'à présent dans les rangs de toutes les insurrections, et qui au contraire se rallieront à l'ordre en voyant mise en œuvre la plus saine partie de leurs théories.

Et non seulement ce sera un bon calcul ; mais c'est encore un devoir qu'il faut remplir. S'il est injuste que celui qui possede soit dépouillé de ce qu'il a légitimement acquis, il n'est pas juste non plus qu'une partie considérable de la nation soit fatalement vouée à la misère, et à l'abrutissement qui en est la conséquence.

Quand un état social est tel que, certaines circonstances étant données, comme juin 1848 et mars 1871, la civilisation courre le péril dont elle a été menacée à ces deux fatales époques. un bon citoyen doit avoir la franchise de reconnaître que cet état social est vicieux et demande de grandes améliorations.

Supprimer ce vice est un rêve, mais l'atténuer est possible. A chaque fois le nombre des soldats du drapeau rouge augmente ; il est temps de travailler a le diminuer.

VI.

Ici se pose de nouveau l'éternelle question. Est-ce la monarchie ou la République qui favorisera le plus ce résultat ? Pour le savoir il convient d'examiner les causes du mal : la misère et l'ignorance,

La misère. à moins de bouleverser tout l'Etat social, ne peut se combattre qu'à l'aide d'associations combinant les ressources de la coopération, des secours en cas de maladies et de la capitalisation des salaires ; mais pour atteindre des résultats satisfaisants, il faut que ces associations soient puissantes, et alors elles excitent la défiance du principe monarchique qui craint toujours que la politique-ne s'y glisse et que les tendances républicaines n'y soient propagées.

L'ignorance est un fléau bien plus redoutable encore; car c'est elle qui empêche de comprendre et les ressources que présente déjà la Société, dans son état actuel, pour l'abolition du prolétariat, et l'inanité des théories socialistes que les fous ou les ambitieux mettent en avant pour se faire un parti redoutable. C'est donc elle qu'il faut combattre par tous les moyens possibles; mais un peuple qui s'instruit apprend trop de choses au gré des monarchies; la connaissance de ses droits lui vient en même temps que l'instruction, même la plus élémentaire, et ce sont les rois qui rognent le budget de l'instruction publique au profit de celui de la guerre.

Enfin, dernière considération, en République les socialistes sont réduits à leurs propres forces; sous une monarchie ils font cause commune avec les Républicains Si, au 18 mars, la France avait été gouvernée par un roi, l'insurrection de Montmartre devenait une révolution. C'est le nom de la République qui nous a sauvés.

VII.

Ainsi deux réformes sont indispensables, sous peine d'amoindrissement moral et physique de la France : la réforme politique et la réforme sociale.

Toutes deux sont entravées par la monarchie, tandis qu'elles ont leur libre expansion sous la République.

Avec la monarchie vous aurez quelques années de tranquillit,é terminées par une catastrophe.. Avec la République vous aurez, pendant quelques années seulement, les agitations inévitables qu'amène l'apprentissage de la liberté.

Jeunes électeurs, c'est à vous de choisir.

Que l'exemple de vos pères ne soit pas perdu pour vous. Ils ont eu peur de la vie agitée du citoyen, et ils ont voté pour un prétendant. Les vingt ans de calme qu'ils ont gagnés compensent-ils les désastres d'aujourd'hui?

Soyez plus sages, plus courageux, plus dévoués. Résignez-vous à quelques orages, pour éviter le naufrage à vos enfants !

Senlis. imp. et lith. E. Payen.